Todo el mundo practica deportes

Aimee Popalis

rourkeeducationalmedia.com

Escanea el código para descubrir títulos relacionados y recursos para los maestros

Actividades para antes y después de leer:

Nivel: G   Número de palabras: **320**

palabra número 100: *como*   página 8

Enfoque de la enseñanza:
Ubique los mapas codificados por color en cada sección. ¿Cómo te ayudan los mapas con códigos de colores mientras lees el texto? ¿De qué manera la codificación de colores hace una diferencia?

Antes de leer:

Construcción del vocabulario académico y conocimiento del trasfondo
Antes de leer un libro, es importante que prepare a su hijo o estudiante usando estrategias de prelectura. Esto les ayudará a desarrollar su vocabulario, aumentar su comprensión de lectura y hacer conexiones durante el seguimiento al plan de estudios.
1. Lea el título y mire la portada. *Haga predicciones acerca de lo que tratará este libro.*
2. Haga un «recorrido con imágenes», hablando de los dibujos/fotografías en el libro. Implante el vocabulario mientras hace el recorrido con las imágenes. Asegúrese de hablar de características del texto tales como los encabezados, el índice, el glosario, las palabras en negrita, los subtítulos, los gráficos/diagramas o el índice analítico.
3. Pida a los estudiantes que lean la primera página del texto con usted y luego haga que lean el texto restante.
4. Charla sobre la estrategia: úsela para ayudar a los estudiantes mientras leen.
   - Prepara tu boca
   - Mira la foto
   - Piensa: ¿tiene sentido?
   - Piensa: ¿se ve bien?
   - Piensa: ¿suena bien?
   - Desmenúzalo buscando una parte que conozcas
5. Léalo de nuevo.
6. Después de leer el libro, complete las actividades que aparecen abajo.

Área de contenido Vocabulario
Utilice palabras del glosario en una frase.

canchas
competitivo
equipamientos
equipo
obstáculos
raqueta

Después de leer:

Actividad de comprensión y extensión
Después de leer el libro, trabaje en las siguientes preguntas con su hijo o estudiantes para comprobar su nivel de comprensión de lectura y dominio del contenido.
1. ¿Necesitas ser competitivo siempre que practicas deportes? *Explica.* (Haga preguntas).
2. ¿Cuál es el equipamiento más popular utilizado en la mayoría de los deportes en todo el mundo? (Resuma).
3. ¿Por qué la gente practica deportes? (Infiera).
4. ¿Juegas en un equipo deportivo? ¿Cómo demuestras el espíritu deportivo en tu equipo? (Texto para conectar con uno mismo).

Actividad de extensión
Muchas personas de todo el mundo disfrutan de los deportes. A pesar de que hay muchos deportes diferentes alrededor del planeta, varios de ellos tienen similitudes. Elige dos deportes del texto. ¿En qué se parecen? ¿En qué se diferencian? Haz un diagrama de Venn para mostrar las similitudes y diferencias de los dos deportes. ¿Cuál te gusta más? ¿Por qué?

En todo el mundo hay gente que practica deportes.

Algunos deportes se juegan en **equipo**. El fútbol es el deporte en equipo más popular en el mundo. En Sudáfrica es donde hay más clubes de fútbol.

Otros deportes, como el tenis, se juegan solos o en parejas. El tenis es el deporte más popular en Australia.

Las pelotas se utilizan en muchos deportes. La pelota puede ser golpeada con un bate, una **raqueta** o con tu mano. Se puede lanzar, driblar o rodar.

En China, a la gente le gusta jugar baloncesto.

En Escocia, les gusta jugar *rugby*.

Deportes como el esquí y el *snowboarding* necesitan **equipamientos** especiales. Estados Unidos es el país con más lugares para esquiar.

Esquiar es una forma de vida para mucha gente en Noruega, Suiza y Austria.

Algunos deportes, como correr y nadar, no necesitan equipamientos. Muchos de los corredores más rápidos del mundo son de Kenia.

La gente de Inglaterra fue la primera en hacer de la natación un deporte **competitivo**.

La gente puede practicar deportes en **canchas**, campos o hielo.

En Brasil, la gente juega voleibol de playa en la arena.

En Canadá, a la gente le gusta jugar *hockey* sobre hielo en estanques congelados.

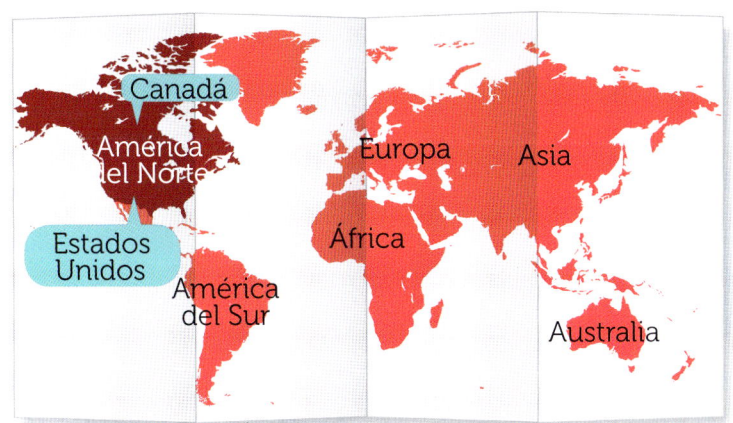

En Estados Unidos, el fútbol americano se juega en campos. A veces los campos están en estadios.

El golf se juega en un campo con una serie de hoyos y **obstáculos**.

Escocia y Nueva Zelanda tienen la mayor cantidad de campos de golf.

Los atletas profesionales ganan dinero compitiendo en deportes. ¡El ganador de la carrera ciclística Tour de France gana casi medio millón de dólares!

Personas con distintas capacidades pueden practicar deportes. Muchas juegan baloncesto en silla de ruedas en Estados Unidos, Japón y los Países Bajos.

En cualquier deporte, el buen espíritu deportivo ayuda a que todos se diviertan. Jugar limpio y decir «¡Buen juego!» son formas de ser buena persona.

¿Qué deportes te gusta practicar?

Glosario fotográfico

 **canchas:** áreas grandes, duras y planas utilizadas para algunos deportes.

 **competitivo:** situación en la que una persona o equipo intenta ganar.

 **equipamiento:** objetos o implementos utilizados en un deporte.

 **equipo:** un grupo de atletas que trabajan juntos.

 **obstáculos:** cosas que dificultan hacer o completar algo.

 **raqueta:** marco ovalado y de cuerda, con un mango, utilizado para jugar.

Índice analítico

atletas: 18
canchas: 12
equipamientos: 8, 10
equipo: 4
espíritu deportivo: 20
estadios: 15
raqueta: 6

Demuestra lo que sabes

1. Si quisieras jugar golf, ¿qué países tienen la mayor cantidad de campos de golf?
2. Nombra tres tipos de pelotas que se pueden usar en los deportes.
3. ¿Por qué es importante el buen espíritu deportivo?

Sitios web (páginas en inglés)

www.olympic.org/olympic-games
www.sikids.com

Sobre la autora

Aimee Popalis es fanática de los deportes, atleta y entrenadora. Le encanta nadar, andar en bicicleta y correr, ¡pero el *softbol* es su deporte favorito de todos los tiempos! Espera poder surfear algún día.

© 2018 Rourke Educational Media

All rights reserved. No part of this book may be reproduced or utilized in any form or by any means, electronic or mechanical including photocopying, recording, or by any information storage and retrieval system without permission in writing from the publisher.

www.rourkeeducationalmedia.com

PHOTO CREDITS: Cover: © Pixel_Pig, isitsharp; Title Page: © Christopher Futcher; Page 3: © Andrew Rich; Page 4: © Wessel du Plooy; Page 5: © microgen; Page 6: © XiXinXing; Page 7: © Paolo Bona; Page 8: © SerrNovik; Page 9: © technotr; Page 10: © Lilyana Vynogradova; Page 11: © Purdue 9394; Page 12: © muratsenel, YvanDube, Arsen Stakiv; Page 13: © Pavel L Photo and Video; Page 14: © ImagineGolf; Page 15: © Andrew Rich; Page 16: © Graeme Shannon; Page 17: © Steven Debenport; Page 18: © Radu Razvan; Page 19: © Rob van Esch; Page 20: © JLBarranco; Page 21: © Christopher Futcher

Editado por: Keli Sipperley
Diseño de tapa e interiores: Tara Raymo
Traducción: Santiago Ochoa
Edición en español: Base Tres

Library of Congress PCN Data

Todo el mundo practica deportes / Aimee Popalis
(Un mundo pequeño para todos, en todas partes)
ISBN (hard cover - spanish) 978-1-64156-335-2
ISBN (soft cover - spanish) 978-1-64156-023-8
ISBN (e-Book - spanish) 978-1-64156-101-3
ISBN (hard cover - english)(alk. paper) 978-1-63430-362-0
ISBN (soft cover - english) 978-1-63430-462-7
ISBN (e-Book - english) 978-1-63430-559-4
Library of Congress Control Number: 2015931699

Printed in the United States of America,
North Mankato, Minnesota